自由旅游中国

メトロに揺られて
自力で深圳

Tabisuru CHINA 015

地下鉄・路線バス・船を
駆使して深圳へ GO！

Asia City Guide Production

【白地図】深圳市

CHINA
深圳

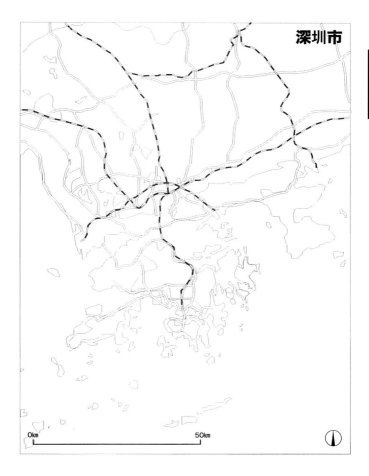

【白地図】尖沙咀

【白地図】香港〜深圳間の口岸

CHINA
深圳

Shenzhen 白地図

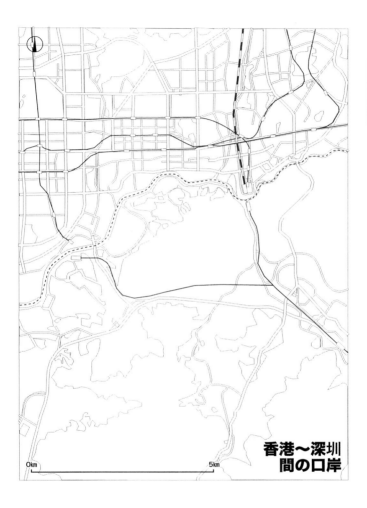

香港〜深圳間の口岸

【白地図】羅湖口岸

CHINA
深圳

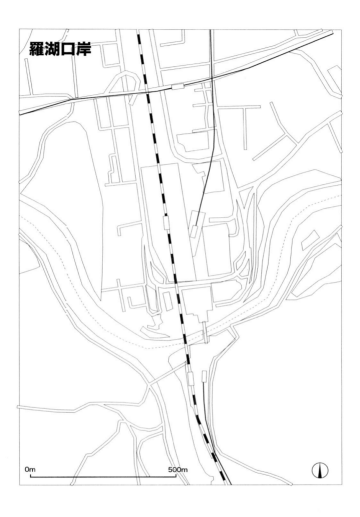

【白地図】福田口岸

CHINA
深圳

【白地図】深圳と珠江デルタ

CHINA
深圳

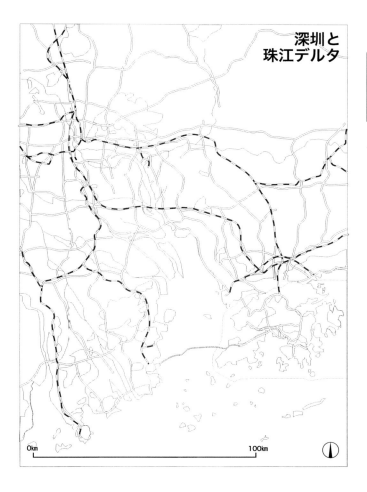

深圳と珠江デルタ

Shenzhen　白地図

【白地図】広州から深圳

CHINA
深圳

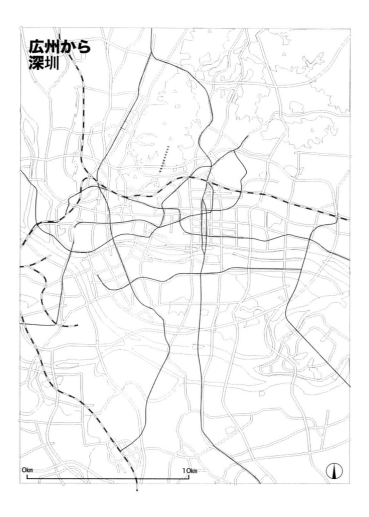

【白地図】東莞から深圳

CHINA
深圳

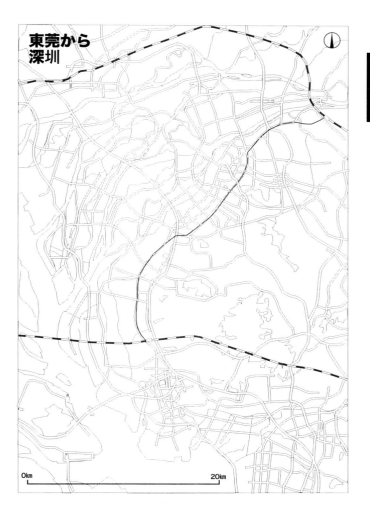

【白地図】深圳中心部

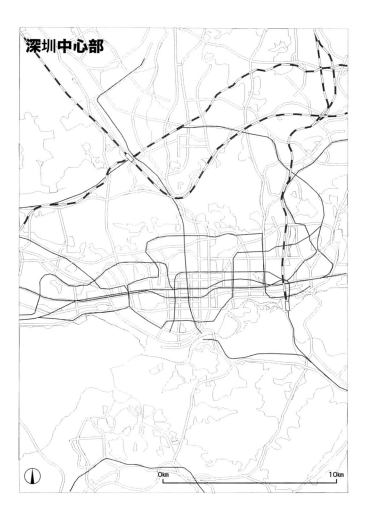

【白地図】羅湖

CHINA
深圳

【白地図】華僑城

CHINA
深圳

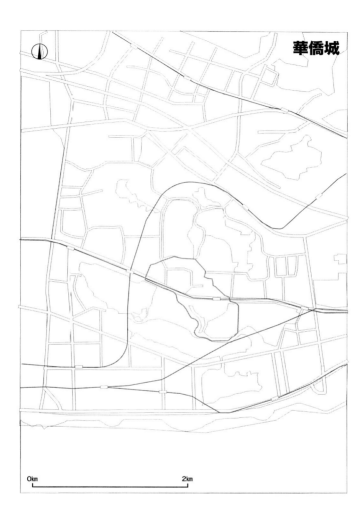

華僑城

Shenzhen

白地図

【白地図】福田

CHINA
深圳

福田

Shenzhen 白地図

【白地図】もう一歩深圳

CHINA
深圳

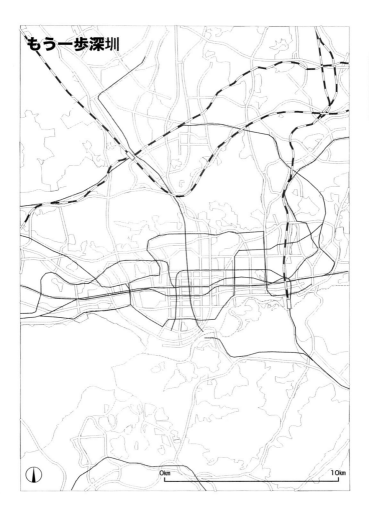

【白地図】華僑北路

CHINA
深圳

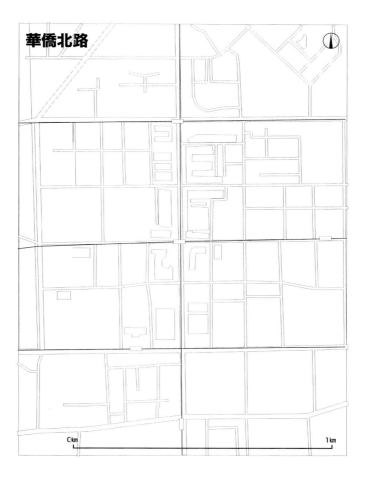

【白地図】大芬油画村

CHINA
深圳

大芬油画村

Shenzhen | 白地図

0m 500m

【白地図】深圳湾

CHINA
深圳

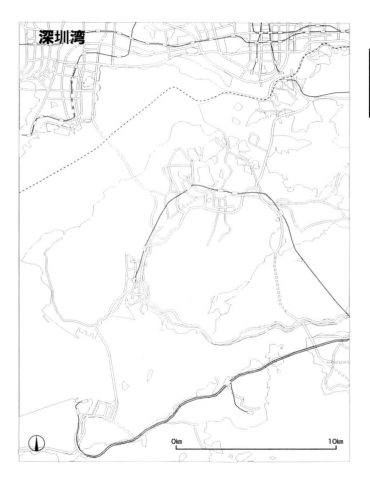

Shenzhen 白地図

【白地図】深圳湾口岸

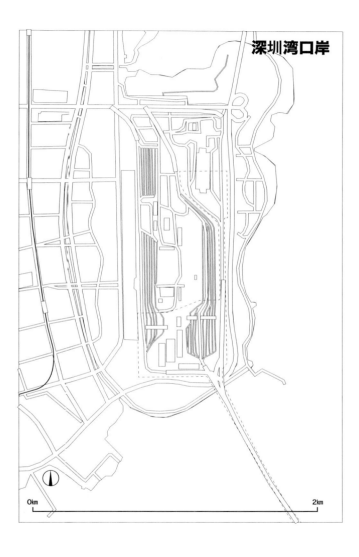

【旅するチャイナ】
011 バスに揺られて「自力で潮州」
012 バスに揺られて「自力で汕頭」
013 バスに揺られて「自力で温州」
014 バスに揺られて「自力で福州」
015 バスに揺られて「自力で深圳」

CHINA
深圳

は じめて深圳という街の名前を耳にしたのは、2000年前後だったと思います。1980年ごろまで、そこにはほとんど何もなく、野っ原が広がっていたのだとか。そして、香港に隣接するこの地に、資本主義の要素をとり入れた新しい街をつくることが決まったのです。

「豊かになりたい」「香港のように」。そんな中国人の思いが爆発するように、深圳はすさまじい勢いで成長していきます。1980年からたったの30年で、北京、上海に続く大都市へと発展をとげたのです。

Tabisuru CHINA 015
バスに揺られて
自力で深圳

　「深圳（シンセン）」とはじめて街名を耳にしたとき。日本語の漢字にない「圳」の文字から、一見、なんと読んでいいかわからない街名と、人類が体験したことのないスピードで成長する都市というイメージとあいまって、とても興味をかきたてられたものです。深圳ってどんな街？　これから深圳をご案内していきたいと思います。

【自力旅游中国】

Tabisuru CHINA 015 自力で深圳

CHINA
深圳

目次

自力で深圳	xxxvi
深圳は中国本土の入口だ	xl
香港から深圳目指そう	l
その他の街から深圳	lxvii
深圳ざっくり把握	lxxxi
地下鉄で駆け巡ろう	xcvi
歩く深圳その1羅湖	c
歩く深圳その2華僑城	cxiii
歩く深圳その3福田	cxxiii
もう一歩わけ入る深圳	cxxxiv
蛇口から香港へ帰還	cxlviii

【MEMO】

深圳は中国本土の入口だ

CHINA
深圳

深圳は香港のちょうど北側に
人工的につくられた街
北京、上海に続く巨大都市となっています

香港に追いつき、追い越せ、双子都市

深圳の地に街がつくられたのは、香港に隣接するという理由からです。1840〜42年のアヘン戦争以後にイギリスの植民都市となり、アジアの金融センターとして発展をとげた香港(1997年に中国へ返還)。自由、不動産売買、金融といった資本主義の申し子のような性格の香港は、20世紀末には、GDP、長寿、食文化などで世界有数の豊かさを体現する街でした。一方、中国本土では、1949年に中華人民共和国が成立し、共産主義の計画経済による国づくりが進められていました。こうしたなか、1978年、鄧小平が中国の実権をに

Shenzhen 深圳は中国本土の入口だ

ぎると、それまでの方針を大きく転換。資本主義の要素や制度を導入して、中国経済を成長させることに決まりました。広大な中国にあって、新しい仕組みの実験の地として選ばれたのが、北京から遠く、そして資本主義の香港に隣接する場所。すなわち深圳だったのです。

超速で発展した街

集まる資金、次々に建てられる工場、走る地下鉄、中国全土から出稼ぎに来る人びと。1980年に野っ原が広がっていた場所に、30年後、高層ビル群が林立する大都市が出現していま

CHINA
深圳

した。こんなスピードで都市が発展したことは、人類の歴史ではじめてのことだったと言います。建築家レム・コールハースは、この深圳をはじめとする珠江デルタの調査をしていて、わずか2週間で設計される高層ビルを「フォトショップ型(ビル)」と呼んでいます(フォトショップでコピペするように、設計されていく)。深圳の発展は、羅湖や蛇口からはじまりましたが、成長の速さのあまりに、土地が足りなくなって、隣接する福田に新・新市街がつくられました。そればかりではなく、深圳の成長のすさまじさのあまり、深圳に隣接する東莞の街も急速な勢いで発展することになったのです。

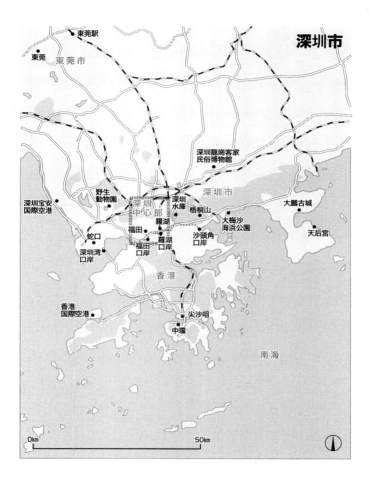

CHINA
深圳

▲左　イギリスの植民都市として発展した香港、深圳はこの香港に隣接する。
　▲右　深圳の高層ビル群

深圳にはパスポートが必要

香港は年間 100 万人以上の日本人が訪れる観光都市となっています。そのため深圳へは、香港経由で訪れるかたが多いのではないでしょうか？　1997 年に香港がイギリスから中国に返還されたあとも、50 年間、その体制を維持する一国二制度の方針がとられたため、香港と深圳のあいだにはボーダー（国境）があり、「口岸」と呼ばれるイミグレーションが各所にあります。そのため、香港からパスポートをもって深圳（中国本土）に入国。深圳（中国本土）から香港に出国といった具合になります。20 世紀なかごろには、深圳湾を

【MEMO】

CHINA
深圳

泳いで、豊かな香港へ越境を試みる中国人も多かったと言いますが、現在では深圳の経済成長がすさまじく、両者の口岸（国境）のなかには24時間開放されているものもあるため、香港と深圳の一体化は進んでいるようです。ちなみに、香港では、中国本土は「メインランド（本土）」と呼ばれていました。

深圳という名前

深圳と書いて、「シェンチェン」と北京語（普通語）では読みます。広東語では「サムチャン」、日本語では「シンセン」

Shenzhen 深圳は中国本土の入口だ

▲左　香港で繁体字の漢字は、深圳で簡体字になる。　▲右　街区が広いのも深圳の特徴

ですが、「シンセン」という響きが日本語の「新選」や「新鮮」とあいまって、「深圳」という街のイメージに影響をあたえているのでは？　と個人的に思っています。「土」+「川」からなる深圳の「圳」という漢字は、日本語では使われないため、しばしば「深セン」とも表示されます。「北京」を「ペキン」と書くと、なんとなく雰囲気が伝わらないように、「深セン」も「深圳」と表記したいのですが、文字化けを引き起こす問題から、「深セン」と表記せざるを得ないケースもしばしばです。まれに3文字で「深土川」という表記も見たりします。先ほど北京語で、深圳を「シェンチェン」と読むと

CHINA
深圳

記しましたが、何もない野原から出発した深圳には、中国全土からチャンスを求めて出稼ぎに来る人が多かったため、広東省なのに、広東語ではなく、北京語（普通語）が一般的に話されている街でもあります。

【MEMO】

香港から
深圳
目指そう

CHINA
深圳

九龍半島の先端から大陸に向かって
伸びる九広鉄路
さぁ深圳に出かけましょう

香港から深圳

深圳に行くにあたって、もっとも一般的なのが香港から深圳に行くルートです。それも九龍半島の「紅磡」から地下鉄（MTR）東鉄線に乗って、終点の「羅湖」へ行くという楽ちんな方法があります。終点の「羅湖」から歩いて口岸（国境）を越えると、深圳側の「羅湖」となります。ちなみに深圳には、「羅湖」と、その西側の「福田」に大きな街がありますが、深圳側「羅湖」へ行くには香港側「羅湖」駅、深圳側「福田」へ行くには香港側「落馬洲」駅を利用することになります。香港側のこれらの駅は、いずれも地下鉄東鉄線の駅で、ひと

香港から深圳目指そう

つ手前の「上水」で枝わかれしています。ちなみに香港で東鉄線に乗る場合、行き先に「羅湖」行きのものと、「落馬洲」行きのものがありますのでご注意ください。「上水」で乗り換えるという手もあります。

[アクセス情報] **東鉄線で深圳**

・「紅磡」から「羅湖」まで東鉄線で44分。そこから徒歩で国境を超える

・「紅磡」から「落馬洲」まで東鉄線で49分。そこから徒歩で国境を超える

【MEMO】

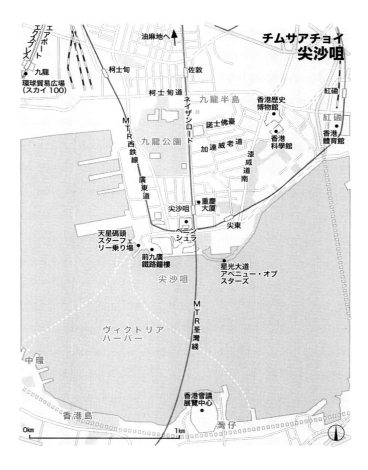

CHINA
深圳

憧憬の九広鉄路

ちなみに、香港の九龍から羅湖をへて、広東省の広州にいたる鉄道を九広鉄路と呼びます。香港「九」龍と「広」州を結ぶ路線です。20世紀の冷戦時代、ソ連や中国などの共産主義陣営(東側諸国)と、アメリカやイギリス(香港)などの資本主義陣営(西側諸国)が対立するなかで、九広鉄路の羅湖駅が両者を結ぶ接点となっていたという経緯もあります。この九広鉄路の九龍駅は、かつて紅磡ではなく、スターフェリーの天星碼頭のすぐそばにあり、その名残として「前九廣鐵路鐘樓」が立っています。香港から大陸を目指すものは、

▲左　九龍（香港）と中国本土を結ぶ九広鉄路。　▲右　尖沙咀の前九廣鐵路鐘樓、ここが昔の九龍駅だった

九広鉄路に乗り、羅湖を越えて大陸に入っていった。そんなロマンティックな鉄道路線でもあるのですね。ちなみに、地下鉄（MTR）ではない九広鉄路の列車で、紅磡から東莞や広州へ行く場合、紅磡駅でイミグレを済ませます。住環境の快適な香港に過ごし、東莞に出勤するという日本人の姿も見られるようです。そうすると、ボーダー（国境）を毎日行き帰りで越えることになりますので、すぐにスタンプでパスポートが埋まっていってしまいますよね。

【MEMO】

CHINA
深圳

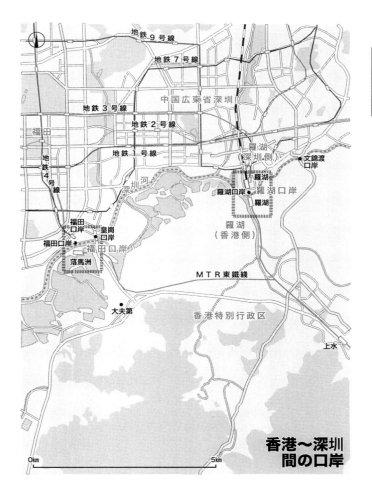

CHINA
深圳

口岸越えよう

香港と深圳の往来にあたって、イミグレにあたる「口岸」を通過します。1997年の香港返還以前はここがイギリス(香港)と中国の国境だったところです。そこで、荷物検査をし、入国スタンプをもらって、深圳（中国本土）に入っていくのですが、香港と深圳を結ぶおもな陸路口岸は6つあります。それぞれ開いている時間が異なりますのでご注意ください。皇崗口岸は24時間開いています。

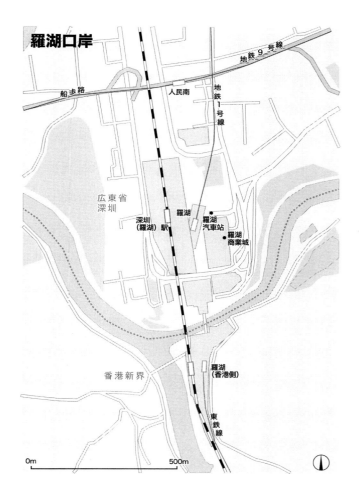

CHINA
深圳

[アクセス情報] 各口岸と開いている時間

・羅湖口岸 罗湖口岸 (6:30-24:00)、香港羅湖から

・福田口岸 福田口岸 (6:30-22:30)、香港落馬洲から

・皇崗口岸 皇岗口岸 (00:00-24:00 の 24 時間)、香港落馬洲近くから

・文錦渡口岸 文锦渡口岸 (7:00-22:00)、香港羅湖近くから

・深圳湾口岸 深圳湾口岸 (6:30-24:00)、香港北西部の元朗・天水圍近くから蛇口へ

・沙頭角口岸 沙头角口岸 (7:00-22:00)、香港北東部の沙頭角から

CHINA
深圳

船で深圳へ

また香港国際空港そばの「スカイピア（海天码头 skypier）」から深圳西部の蛇口碼頭、あるいは深圳空港近くの福永まで船が出ています。「香港〜深圳市区（蛇口）」路線が1時間に1本で所要30分。「香港〜 福永（深圳機場碼頭）」路線は本数が少なくて、1日数本程度、所要45分になります。ほかにも「スカイピア（海天码头 skypier）」からマカオ、東莞虎門、中山、珠海九洲港、広州番禺蓮花山港などへの航路がありますので、目的と場所が事前に決まっているなら船の利用もよいかもしれません。深圳市区の蛇口から地鉄2号線（蛇

Shenzhen 香港から深圳目指そう

口線)に乗って、福田や羅湖近くまで行くことができます。

[見せる中国語]
私は羅湖に行きたい
去
羅湖

[見せる中国語]
私は落馬洲に行きたい

去
落馬洲

【MEMO】

その他の
街から
深圳

日本から、広州から、東莞から
飛行機や鉄道、バスに乗って
深圳を目指しましょう

深圳空港から深圳市街

日本からも深圳行きの便が飛んでいますが、深圳空港から深圳市街までは30kmほど離れています。この深圳空港と市街部を結ぶのが地鉄11号線（機場線）で、福田まで、10分間隔、所要25分で結ばれています。ほかにもエアポートバス、路線バス、タクシーなどの手段がありますが、深圳のどの場所に行くのか？ ということをはっきりさせておきましょう。深圳には羅湖と福田というふたつの繁華街があります。

【MEMO】

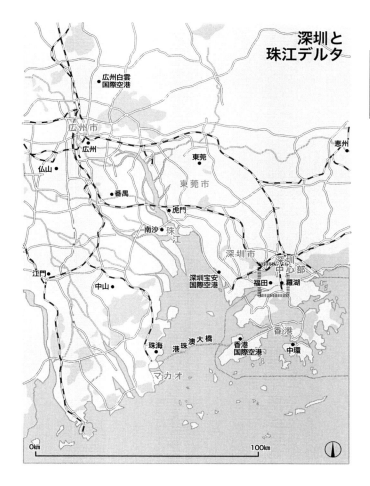

［アクセス情報］広州から深圳

・高鉄で。「広州南」から高鉄で「深圳北」。所要 30 分

・鉄道で。「広州東」や「広州」から「深圳（羅湖）」もしくは「深圳西」。所要 1 時間半〜 2 時間程度

・バスで。広州駅前の「広東省汽車客運站（广东省汽车客运站）」などから。所要 2 時間。羅湖か福田か、行き先をはっきりさせておくこと

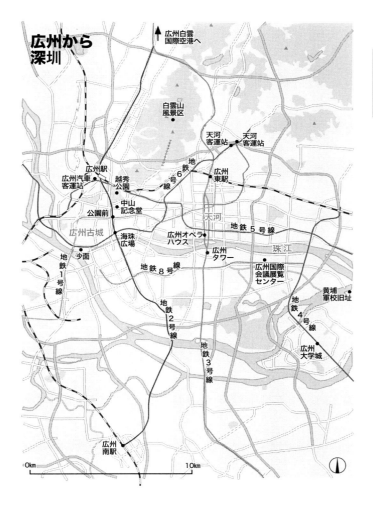

CHINA
深圳

[アクセス情報] 東莞から深圳

・鉄道で。常平鎮の「東莞」駅から「深圳（羅湖）」。あまり便はよくない

・莞城からバスで。「東莞市汽車客運総站(东莞市汽车客运总站)」から。羅湖か福田か、行き先をはっきりさせておくこと。所要1時間半程度

・虎門からバスで。「東莞虎門中心区客運站（东莞虎门中心区客运站)」から。羅湖か福田か、行き先をはっきりさせておくこと。所要1時間程度

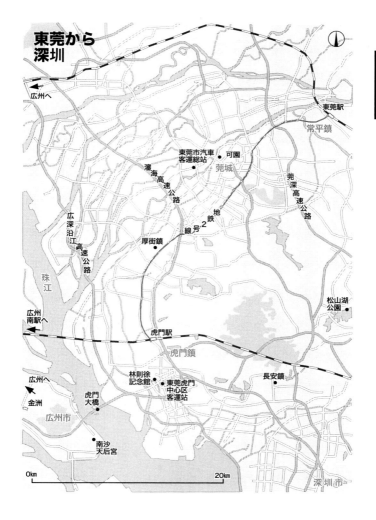

CHINA
深圳

今回の旅程

珠江デルタの調査のため、香港、広州、東莞、深圳あたりを動きまわっていました。まず香港から珠江をさかのぼって、広州南沙へ。広州南沙から珠江を越えて東莞虎門へ。東莞虎門から広州市街へ。広州天河（広州東）から香港九龍へ。香港九龍から東莞常平鎮へ。東莞常平鎮から東莞莞城へ。東莞莞城から深圳羅湖へ。船、九広鉄路、路線バス、中距離バスなどさまざまな交通手段を使いました。広州中心部と東莞の中心である莞城は遠いけど、広州南部の南沙と東莞虎門は橋を渡って向かい。というように、一口に広州、東莞、深圳といっても、エリアに

Shenzhen　その他の街から深圳

よって随分とアクセス事情が変わってくるのです。そのため、珠江デルタの旅では、深圳のどこに行くのか。東莞のどこに行くのか。といったことを事前にはっきりとさせておくことが必要となります。深圳では羅湖、福田、華僑城、蛇口と徒歩、地下鉄、タクシーなどでまわり、蛇口から「深圳湾口岸」を通って香港新界への向かいました。そのため、この旅行ガイドでは、１，実際に歩いたり、路線バスで調べた情報、２，駅やバス停で調べた情報、３，公式ページなどで知り得た伝聞情報、から構成されています。

[見せる中国語]
wǒ xiǎng qù luó hú
ウォシィアン・チュウ
ルゥオフゥ
私は羅湖に行きたい

我想去
罗湖

[見せる中国語]
wǒ xiǎng qù fú tián
ウォシィアン・チュウ フゥティエン
私は福田に行きたい

我想去福田

[見せる中国語]
wǒ xiǎng qù huá qiáo chéng
ウォジィアン・チュウ
ファチャオチャン
私は華僑城に行きたい

我想去华侨城

[見せる中国語]
wǒ xiǎng qù shé kǒu gǎng
ウォシィアン・チュウ
シェコウガァン
私は蛇口港に行きたい

我想去
蛇口港

【MEMO】

深圳
ざっくり
把握

さあ深圳に着きました
深圳では何をする？
どこへ行く？

深圳どう楽しむ？

最初に、深圳は1980年ごろまで野っ原が広がるばかりだったと記しましたが、それゆえ他の中国の街とくらべて、見どころらしい見どころがありません。中華4000年の伝統とか、唐代に建てられた古刹のようなものがないのです。そのため、深圳観光は、中国の他の街とは少し異なった楽しみかたになるでしょう。深圳の楽しみかたその1，現代中国人に人気のある遊園地やアトラクションを楽しむ、2，香港とくらべ、ものすごい大きい通りや街区など中国の新市街の雰囲気を味わう、3，香港にくらべて物価の安いレストランの料理

【MEMO】

CHINA
深圳

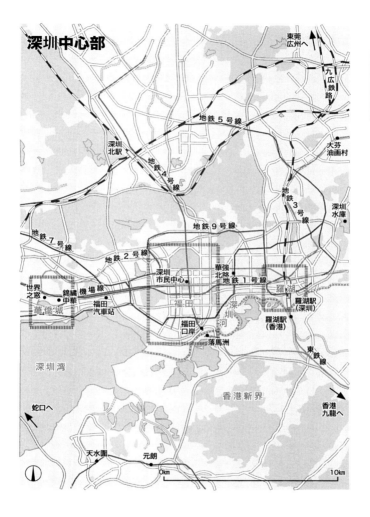

CHINA
深圳

やショッピングなどを楽しむ、以上な感じでしょうか。

深圳の街区

そもそも深圳とは「深い河溝」を意味し、人民橋あたりにあった田んぼのほとりの溝（水路）が地名の起こりのようです。そのため九広鉄路で香港と結ばれた「羅湖」あたりが深圳発祥の場所と言えるようです。羅湖近くには、改革開放を指揮した「鄧小平の看板」、またにぎやかな「東門歩行街」、そして香港とのアクセス拠点になる「羅湖駅」が位置します。深圳の発展のために、東南アジアの華僑や香港人の投資が呼び

Shenzhen

深圳ざっくり把握

込まれましたが、その象徴が羅湖から西に 15 ㎞ほど離れた「華僑城」です。深圳にも観光地を！ という目的で華僑城には「錦繡中華」「世界の窓」「歓楽谷」などのアミューズメント・パークが集まっています。この華僑城あたりがいわゆる深圳観光となるでしょう。そして、深圳のすさまじい成長速度から、羅湖はすぐに手狭になり、羅湖と華僑城のあいだに新街区が整備されました。これが「福田」です。現在、深圳の中心はこの福田に遷り、とてつもない巨大建築や高層ビルが見られます。

CHINA
深圳

深圳のアクセス拠点

続いて、深圳のアクセス拠点を記しておきます。深圳と他の街を往来するときにどうするか、です。まずもっともメジャーなのが香港側「羅湖」に続く深圳側「羅湖」と、香港側「落馬洲」に続く深圳側「福田口岸」。これらは深圳側も香港側も地下鉄が走っています。とくに深圳側「羅湖」は南の香港だけでなく、東莞や広州方面にも地下鉄とは別に鉄道路線が伸びています。続いて「深圳北駅」です。深圳北駅は中国版新幹線こと高鉄の駅ですが、ここ深圳北駅から中国各地に便が伸びています。北側の福建省へ行く場合には広東省の省都

Shenzhen 深圳ざっくり把握

▲左 巨大現代建築がいくつも立つ深圳。　▲右 深圳の足はもっぱら地下鉄、背後に立つのは地王大厦

　広州よりもアクセスがよく、実は深圳は中国各地（やや遠距離）へのアクセス拠点としてもかなり使えるのです。一方、深圳のバスターミナルはいくつもあるものの、旅行者が使うのは「羅湖汽車站」と「福田汽車站」でしょう。「羅湖汽車站」は羅湖駅の目の前、「福田汽車站」は福田から少し離れた「竹子林」近くにあります。これらバスターミナルは、東莞など珠江デルタ各地の近場に行くときに重宝します。また珠江の対岸のマカオや珠海などに行く場合は、船便も利用できます。船便は「蛇口港」と、「福永港（空港そば）」です。行き先にあわせてアクセス手段を使いわけるとよいでしょう。

【MEMO】

CHINA
深圳

【MEMO】

我想去深圳机场

[見せる中国語]
wǒ xiǎng qù
shēn zhèn jī chǎng
ウォシィアン・チュウ
シェンチェンジイチャン
私は深圳宝安国際空港に行きたい

我想去
罗湖站

[見せる中国語]
wǒ xiǎng qù luó hú zhàn
ウォシィアン・チュウ
ルゥオフゥヂャン
私は深圳（羅湖駅）
に行きたい

我想去深圳北站

[見せる中国語]
wǒ xiǎng qù
shēn zhèn běi zhàn
ウォシィアン・チュウ
シェンチェンベイチャアン
私は深圳北駅に行きたい

我想去罗湖汽车站

［見せる中国語］
wǒ xiǎng qù
luó hú qì chē zhàn
ウォシィアン・チュウ
ルゥオフゥチイチャアヂャアン
私は羅湖汽車站に行きたい

【MEMO】

地下鉄で駆け巡ろう

CHINA
深圳

深圳では地下鉄が活躍します
料金も安いし
とっても便利な地下鉄を乗りこなしましょう

深圳は地下鉄で移動しよう

香港同様、深圳では地下鉄が網の目のようにめぐらされていて、有名どこには大体地下鉄で行くことができます。そのため、おもに深圳観光の足になるのは地下鉄と考えておきましょう。地下鉄のなかでも、羅湖界隈の「羅湖」と「老街」と「大劇院」あたりは歩ける距離。福田界隈の「市民中心」と「福田」も歩ける距離です。そのため、乗り換えを利用するほか、ご自身が乗る路線の最寄り駅まで行って、そこから目的地へ歩いてみるというのも手です。

[アクセス情報] **地下鉄移動時間の目安**

【羅湖エリア】〜大体20分〜【福田エリア】〜大体20分〜【華僑城エリア】〜大体30分〜【蛇口エリア】

[アクセス情報] **地鉄1号線(羅宝線)の目安**

【「羅湖」】〜4分〜【「老街」】〜2分〜【「大劇院」】〜5分〜【華僑北路の「華強路」】〜5分〜【福田エリアの「会展中心」】〜14分〜【「華僑城」】

CHINA
深圳

[アクセス情報] 地鉄2号線(蛇口線)の目安

【羅湖エリアの「大劇院」】〜5分〜【華僑北路の「華強北」】〜4分〜【福田エリアの「市民中心」】〜2分〜【「福田」】〜42分〜【「蛇口港」】

[アクセス情報] 地鉄3号線(竜崗線)の目安

【大芬油画村の「大芬」】〜20分〜【羅湖エリアの「老街」】〜14分〜【「福田」】

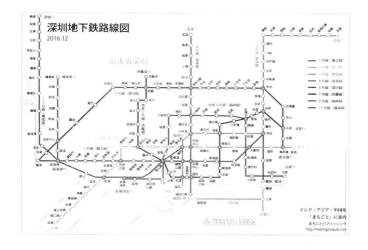

[アクセス情報] 地鉄 4 号線（竜華線）の目安

【香港落馬洲対岸の「福田口岸」】～ 7 分～【福田エリアの「市民中心」】～ 14 分～【高鉄の「深圳北駅」】

[アクセス情報] 地鉄 11 号線（機場線）の目安

【深圳空港の「機場」】～ 25 分～【「福田」】

歩く深圳 その1 羅湖

CHINA
深圳

羅湖は深圳はじまりの地
わいがやしたにぎわいを
感じられる街でもあります

羅湖でおすすめ
・東門歩行街（最寄り駅「老街」）
・鄧小平画像広場（最寄り駅「大劇院」「紅嶺南」）
・地王大厦＆京基100（最寄り駅「大劇院」）

鄧小平画像広場行ってみよう

深圳に行って必ず訪れたいのが、羅湖とその周辺です。羅湖には香港側羅湖と深圳側羅湖がありますが、大体の人にとって、深圳＝羅湖とも言える場所かもしれません。羅湖ではまず「鄧小平画像広場」に行ってみましょう。「百年不変」の

Shenzhen 歩く深圳その1 羅湖

言葉とともに、深圳の礎を築いた鄧小平の看板があります。これは単なる看板なのですが、改革開放へと経済政策を転換し、現代中国を繁栄に導いた鄧小平という象徴的意味合いがあります。そのため、この「鄧小平画像」をバックに写真をとる中国人の姿が結構見られます。

地王大厦＆京基100

そして、「地王大厦＆京基100」というふたつの高層ビルを見に行きましょう。現在、深圳には何棟もの高層ビルが立ちますが、野っ原に近い状態から街が発展をはじめ、そして

【MEMO】

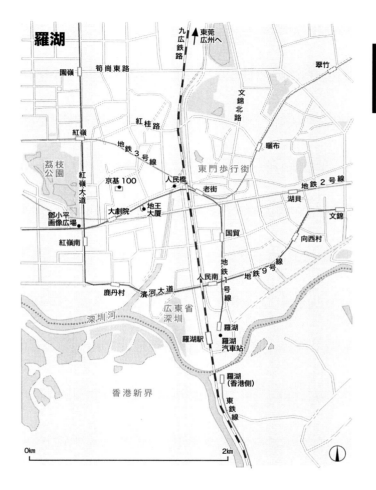

CHINA
深圳

1995年に完成したのが「地王大厦」です。高さは384m、69階立て、2本のアンテナが立つ姿はカマキリのような印象も受けます。また地王大厦近くの「京基100」は100階建て、高さ442mの高層ビルとなっています。一般的に深圳の映像や写真では、このふたつの高層ビルが映っているケースが多いようです。

食べるなら羅湖東門歩行街

街区の大きい福田や蛇口にくらべて、徒歩で街歩きが楽しめるのも羅湖の特徴です。歩いて「東門歩行街」に行ってみま

▲左　にぎわう東門歩行街。　▲右　深圳の象徴的な場所、鄧小平画像広場

しょう。各種レストランやショップが集まっていますので、深圳ではここ羅湖、東門歩行街で食事をすませることをおすすめします。広州などと違って、深圳は見どころが限られているため、羅湖でじっくり時間をとるのがベター。「東門歩行街」「鄧小平画像広場」「地王大厦＆京基100」は近くに集まっていますので、歩いて観光しちゃいましょう。

我想去
地铁
老街站

[見せる中国語]
wǒ xiǎng qù dì tiě lǎo jiē zhàn
ウォシィアン・チュウ・
ディイティエラオジエヂャアン
私は地下鉄の
「老街」駅に行きたい

我想去
东门
步行街

[見せる中国語]
wǒ xiǎng qù
dōng mén bù xíng jiē
ウォシィアン・チュウ・
ドンメンブゥシンジエ
私は東門歩行街に行きたい

我想去
地铁
大剧院站

[見せる中国語]
wǒ xiǎng qù
dì tiě dà jù yuàn zhàn
ウォシィアン・チュウ・
ディイティエダァジュウユェンヂャアン
私は地下鉄の「大劇院」駅に行きたい

我想去邓小平画像广场

[見せる中国語]
wǒ xiǎng qù dèng xiǎo píng huà xiàng guǎng chǎng
ウォシィアン・チュウ・ドンシャオピンファシャングァンチャン
私は鄧小平画像広場に行きたい

我想去
京基100

[見せる中国語]
wǒ xiǎng qù jīng jī yī líng líng
ウォシィアン・チュウ・
ジンジィイーリンリン
私は京基100
に行きたい

我想去
地王大厦

[見せる中国語]
wǒ xiǎng qù de wáng dà shà
ウォシィアン・チュウ・
ディワンダァシャア
地王大厦に行きたい

【MEMO】

CHINA
深圳

歩く深圳
その2
華僑城

ド派手な演出のアミューズメント・パーク
華僑城には3つの見どころが
集まっています

華僑城でおすすめ

・錦繡中華（最寄り駅「華僑城」）

・世界の窓（最寄り駅「世界之窓」）

・歓楽谷（最寄り駅「世界之窓」）

華僑城って

華僑城は中国から海を渡って、東南アジアや各地で成功した華僑の投資でつくられた街です。羅湖から福田を越えてさらに西に位置します。先に華僑城を紹介するのは、いわゆる深圳の観光地らしきものがここ華僑城に集まっているからで

【MEMO】

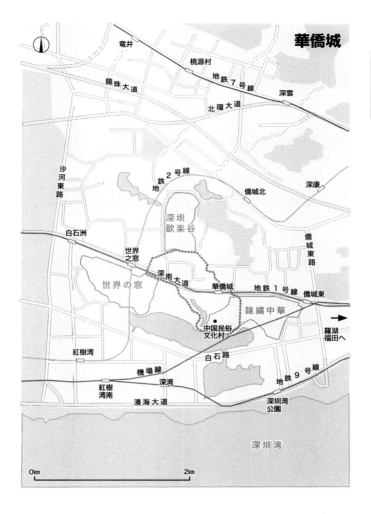

CHINA
深圳

す。観光地と言っても、アミューズメント・パークです。日本人が休みに家族で、遊園地に行くような感覚で、中国人が訪れているようでした。そして錦繡中華、世界の窓、歓楽谷の3つのアミューズメント・パークをモノレールが結んでいます。

錦繡中華はおもしろかった

これらアミューズメント・パークでは、エッフェル塔やピラミッドなど、また故宮、万里の長城、孔子廟、兵馬俑、莫高窟といった中国各地の遺跡のミニチュアなどが見どころと

▲左　錦繡中華、世界の窓、歓楽谷を結ぶモノレール。　▲右　北京の天壇が再現された錦繡中華

なっています。そう書くと、旅好きのかたからは、「ちょっとがっかり」という声も聞こえてきそうです。しかし、実際、行った身としては「錦繡中華」は思っていたより楽しめたのでした。何が楽しかったか？　というと錦繡中華のスタッフのもてなし精神です。それまで行ったことのある中国のアミューズメント・パークでは一番楽しめました。カンフー劇、歩いているとはじまる演奏、などなどです。一方で、遺跡のミニチュアエリアは野ざらしに放置されているという印象も受けました。ただし、行った時期や人によって印象は異なるかもしれませんので、ご自身でお確かめください。

我想去
地铁
华侨城站

[見せる中国語]
wǒ xiǎng qù
dì tiě huá qiáo chéng zhàn
ウォシィアン・チュウ・ディイ
ティエファチャオチャンヂャアン
私は地下鉄の「華僑城」駅に行きたい

我想去
锦繡中华

[見せる中国語]
wǒ xiǎng qù
jǐn xiù zhōng huá
ウォシィアン・チュウ・
ジンシゥチョンファ

私は錦繡中華
に行きたい

我想去
地铁
世界之窗站

[見せる中国語]
wǒ xiǎng qù
dì tiě shì jiè zhī chuāng zhàn
ウォシィアン・チュウ・ディイティエ
シィジエチィチュウアンヂャアン
私は地下鉄の
「世界之窗」駅に行きたい

我想去欢乐谷

[见せる中国语]
wǒ xiǎng qù huān lè gǔ
ウォシィアン・チュウ・
ファンラアグウ
私は歓楽谷
に行きたい

【MEMO】

CHINA
深圳

歩く深圳
その3
福田

超巨大建築と高層ビル
福田は深圳の新たな
心臓部となっています

福田でおすすめ

・深圳市民中心（最寄り駅「市民中心」）
・深圳証券取引所（最寄り駅「福田」）
・蓮花山公園（最寄り駅「少年宮」）

福田は未来都市だ！

福田は、「福田CBD（中央商務区）」の名で知られる深圳の新市街です。1980年ごろから街づくりがはじまった深圳では、新・新市街とも言えるかもしれません。現在、こちらが深圳の中心となっており、地下鉄の路線なども福田を中心に

CHINA
深圳

集まっているようです。また、これといった観光地はないものの、深圳という街のすごみを、福田ほど感じられる場所はないと思います。そのため、羅湖や華僑城に続いての案内になりますが、福田にもぜひとも足を伸ばしていただきたいと思います。

深圳市民中心の迫力

ものすごい巨大なカブトのような建築。「深圳市民中心」です。深圳市民中心は言わば深圳のへその部分にあり、この街のシンボルとも言える超巨大な現代建築となっています。博

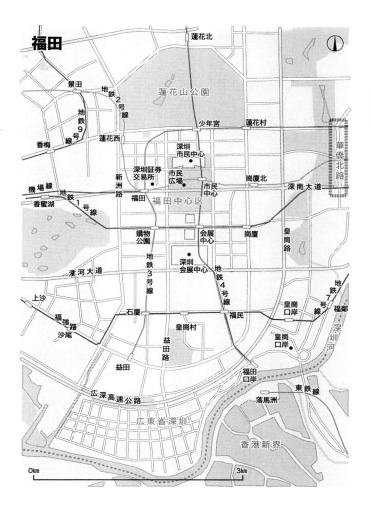

CHINA
深圳

物館や図書館などの公共施設も深圳市民中心に集まっています。赤と黄色の太い柱、巨大な屋根など一度見ると忘れられない建築です。そして、この深圳市民中心のそばに、これまた強烈な外観の高層ビルの「深圳証券取引所」がそびえています。羅湖にあった深圳証券取引所はここ福田に移ってきました。羅湖→福田という流れは、製造業から金融業へと都市の性質が変貌していったという意味でも、深圳を象徴するものかもしれません。

▲左　深圳博物館新館の展示。　▲右　福田の中心にそびえるように立つ深圳市民中心

蓮花山公園で感じる風水

深圳市民中心の北側に広がる緑豊かな「蓮花山公園」。市民の憩いの場となっているようですが、この蓮花山公園にはもうひとつの意味があります。それは故宮を中心とした北京の都市空間（中軸線）が、ここ深圳でも見られるというのです。中国では風水の考えから、山を背後にしてその前に街を築く伝統があり、北京では景山の前に故宮があります（景山を背後とする）。一方、福田では蓮花山公園の前に、深圳の心臓部にあたる深圳市民中心が広がりますので、こうした中国伝統の風水が街づくりにとり入れられているのですね。

我想去
地铁市民
中心站

[見せる中国語]
wǒ xiǎng qù
dì tiě shì mín zhōng xīn zhàn
ウォシィアン・チュウ・ディイ
ティエシィミンチョンシンヂャアン
私は地下鉄の
「市民中心」駅に行きたい

我想去
地铁
福田站

[見せる中国語]
wǒ xiǎng qù
dì tiě fú tián zhàn
ウォシィアン・チュウ・ディイ
ティエフゥティエンヂャアン
私は地下鉄の
「福田」駅に行きたい

我想去
市民中心

[見せる中国語]
wǒ xiǎng qù
shì mín zhōng xīn
ウォシィアン・チュウ・
シィミンチョンシン
私は市民中心
に行きたい

我想去深圳证券交易所

[見せる中国語]
wǒ xiǎng qù shēn zhèn zhèng quàn jiāo yì suǒ
ウォシィアン・チュウ・シェンチェンチェンチュゥアンジャオイイスゥオ
私は深圳証券取引所に行きたい

我想去
地铁
少年宫站

[見せる中国語]
wǒ xiǎng qù
dì tiě shào nián gōng zhàn
ウォシィアン・チュウ・ディイティ
エシャオニィエンゴォンヂャアン
私は地下鉄の
「少年宮」駅に行きたい

我想去
莲花山
公园

[見せる中国語]
wǒ xiǎng qù
lián huā shān gōng yuán
ウォシィアン・チュウ・リィアン
ファアシャンゴンユゥエン
私は蓮花山公園
に行きたい

もう一歩
わけ入る
深圳

CHINA
深圳

ここからはもう一歩深圳ということで
あんなものやこんなものが
売っている深圳をご紹介します

華僑北路（最寄り駅「華強北」）

ネットなどで深圳とたたいてみると、この街有数の人気を誇っているように見えるのが華僑北路です。華僑北路は「深圳の秋葉原」にもたとえられる中国でも最大規模の電気街で、完成品や電子部品をあつかう店がずらりとならんでいます。メイドイン・チャイナの品々。ガジェット好きにはたまらない通りのようですね。この華僑北路は羅湖と福田のあいだに位置します。地鉄3号線（竜崗線）、地鉄2号線（蛇口線）、地鉄1号線（羅宝線）という3つの地下鉄路線が平行に走り、そこを地鉄7号線（西麗線）と華僑北路と華僑南路が縦に

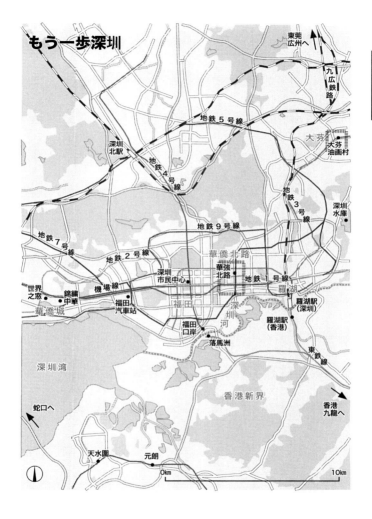

【MEMO】

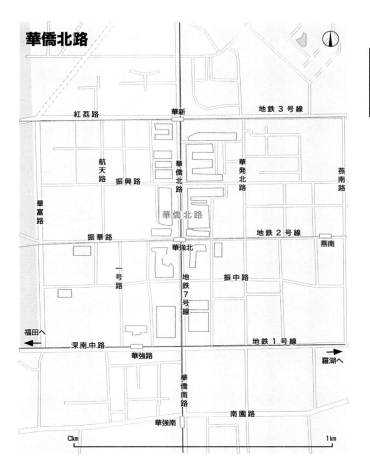

CHINA
深圳

ずばっと通っています。それぞれ「華新」「華強北」「華強路」の地下鉄駅どこからでも華僑北路に行くことができます。

にせものばかりの大芬油画村（最寄り駅「大芬」）
深圳で裏人気1位と言えるのが大芬油画村です。にせものと記しましたが、ここ大芬油画村には中国全土から画家や画家を志す人々が集まり、モネやゴッホなどの油絵の複製画がずらりと見られます（複製画であることを宣言する印が入っているようです）。21世紀に入ってからは観光地へと変貌をとげ、今では深圳の人気観光地となっています。福田から、あ

大芬油画村

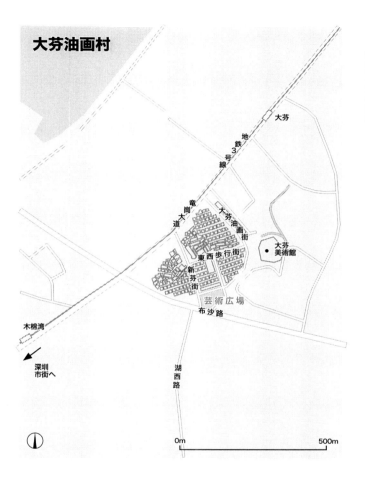

るいは羅湖老街から地鉄3号線（竜崗線）が伸び、「大芬」が最寄り駅となっています。

深圳野生動物園

市街から少し離れていますが、最後に深圳野生動物園をご案内しておきます。カバやキリンのほか、虎やライオンなどが飼育されています。しばしば、各地の動物園で、飢えたライオンや虎のおりに小動物を放つといったニュースも見られた中国ですが、動物園ほど日本人と中国人の感性の違いを見せられる場所はないかもしれません。地鉄9号線の「西麗湖」が最寄り駅です。

【MEMO】

我想去
地铁
华强北站

[見せる中国語]
wǒ xiǎng qù
dì tiě huá qiáng běi zhàn
ウォシィアン・チュウ・ディイ
ティエファチャンベイヂャアン
私は地下鉄の
「華強北」駅に行きたい

我想去华强北路

[見せる中国語]
wǒ xiǎng qù
huá qiáng běi lù
ウォシィアン・チュウ・
ファチャンベイルゥ
私は華強北路
に行きたい

我想去
地铁
大芬站

[見せる中国語]
wǒ xiǎng qù
dì tiě dà fēn zhàn
ウォシィアン・チュウ・
ディイティエダァフェンヂャアン
私は地下鉄の
「大芬」駅に行きたい

我想去大芬油画村

[見せる中国語]
wǒ xiǎng qù
dà fēn yóu huà cūn
ウォシィアン・チュウ・
ダァフェンヨウファアチュン
私は大芬油画村に行きたい

我想去
深圳市
野生动物园

[見せる中国語]
wǒ xiǎng qù shēn zhèn
shì yě shēng dòng wù yuán
ウォシィアン・チュウ・シェンチェン
シィユェシェンドンウーユェン
私は深圳市野生動物園
に行きたい

【MEMO】

蛇口から香港へ帰還

CHINA
深圳

さあ香港へ帰ろう
海を越えて香港に
戻るのもまた一興

深圳から他の街へ

さて深圳観光が終わったら、香港に帰る、もしくは広州などほかの街に行きましょう。この場合、やはり羅湖や福田が起点になりますが、「深圳のアクセス拠点」の項目を確認のうえ、ご自身の旅程にあわせて、どの手段をとるのがいいか選びましょう。深圳調査のとき、深圳から香港に戻るにあたって、深圳西側の蛇口から「深圳湾口岸」を利用しました。「深圳湾口岸」は「福田口岸」や「羅湖口岸」にくらべるとやや不便かもしれませんが、深圳湾の美しい景色（香港濕地公園）をバス車内から見ることができるのです。

Shenzhen 蛇口から香港へ帰還

香港側の客家見るならこっちもあり

香港への帰りに、なぜあえて「深圳湾口岸」を通ったかと言うと、深圳湾をはさんで対岸の香港北西部では「天水圍」や「元朗」「錦田」など昔ながらの集落が残る街があるからです。「深圳湾口岸」でイミグレを抜けると、バスに乗ります。天水圍や元朗など、いくつかの行き先があり、自分の目的の場所をつげて降ろしてもらう感じでした。とくに天水圍には「屏山文物徑」という香港の古きを尋ねる通りがあり、1842年の南京条約で香港島がイギリスに割譲されたことにはじまる香港以前の香港の姿も垣間見られました。

CHINA
深圳

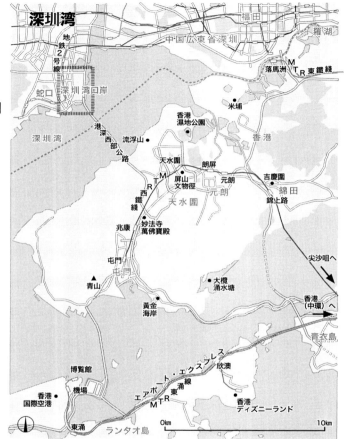

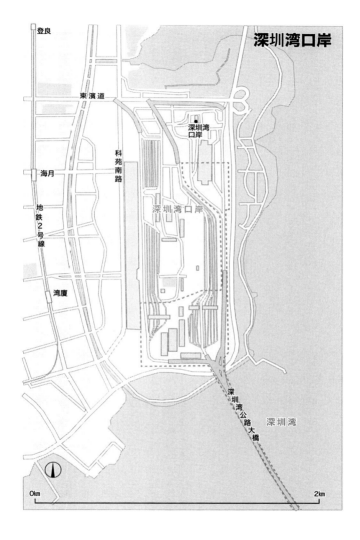

CHINA
深圳

深圳の旅はもうひとつの香港を見る旅だ

さて香港から旅立って、羅湖、華僑城、福田など深圳をめぐり、再び、香港に戻ってきました。香港から深圳、そして東莞へと経済成長が波及し、一体化が進む珠江デルタ。しかし、香港が誕生する以前の古くは東官郡、宝安県などといった名前で、このあたりはひとつの行政区画だったところです。それが19世紀になって、首都北京から見てはるか遠くの香港がわずか100年で発展し、20世紀末になって、この香港のお隣でほとんどゼロから深圳という都市が立ちあがりました。こうした急激な変化のあいだにも、香港や深圳の田舎では、

▲左　深圳湾口岸、ここも往来する人が多い。　▲右　香港に着いた、時間があったら天水圍にも行ってみよう

　昔ながらの生活を営む客家や水上居民の集落も見られたと言います。資本主義や深圳速度、また昔ながらの生活をする人、高層ビルと亜熱帯の自然。実は紋切り型にできない魅力を発見するのが香港から深圳への旅なのかもしれません。

[見せる中国語]
wǒ xiǎng qù xiāng gǎng
ウォシィアンチュウ
シィアングァン
私は香港に行きたい

我想去香港

[見せる中国語]
wǒ xiǎng qù guǎng zhōu
ウォシィアンチュウ
グゥアンチョウ
私は広州に行きたい

我想去
广州

[見せる中国語]
wǒ xiǎng qù dōng guǎn guǎn chéng
ウォシィアンチュウドゥングゥアングァンチャン
私は東莞莞城に行きたい

我想去
东莞莞城

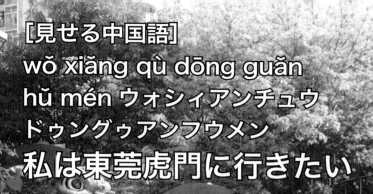

[見せる中国語]
wǒ xiǎng qù dōng guǎn hǔ mén ウォシィアンチュウ ドゥングゥアンフウメン
私は東莞虎門に行きたい

我想去
东莞虎门

参考資料

深圳地铁 http://www.szmc.net/

深圳宝安国际机场 http://www.szairport.com/

深圳市口岸办官网 http://www.szka.gov.cn/

深圳政府在线 http://www.sz.gov.cn/

深圳旅游网 http://www.shenzhentour.com/

香港 MTR http://www.mtr.com.hk/

chu kong passenger transport co. ltd

http://www.cksp.com.hk/

[PDF] 深圳地下鉄路線図 http://machigotopub.com/pdf/shenzhenmetro.pdf

[PDF] 深圳空港案内 http://machigotopub.com/pdf/shenzhenairport.pdf

[PDF] 深圳 STAY（ホテル＆レストラン情報）http://machigotopub.com/pdf/shenzhenstay.pdf

まちごとパブリッシングの旅行ガイド
Machigoto INDIA , Machigoto ASIA , Machigoto CHINA

【北インド - まちごとインド】

001 はじめての北インド
002 はじめてのデリー
003 オールド・デリー
004 ニュー・デリー
005 南デリー
012 アーグラ
013 ファテープル・シークリー
014 バラナシ
015 サールナート
022 カージュラホ
032 アムリトサル

【西インド - まちごとインド】

001 はじめてのラジャスタン
002 ジャイプル
003 ジョードプル
004 ジャイサルメール
005 ウダイプル
006 アジメール（プシュカル）
007 ビカネール
008 シェカワティ
011 はじめてのマハラシュトラ
012 ムンバイ
013 プネー
014 アウランガバード
015 エローラ
016 アジャンタ
021 はじめてのグジャラート
022 アーメダバード
023 ヴァドダラー（チャンパネール）
024 ブジ（カッチ地方）

【東インド - まちごとインド】

002 コルカタ
012 ブッダガヤ

【南インド - まちごとインド】

001 はじめてのタミルナードゥ
002 チェンナイ
003 カーンチプラム
004 マハーバリプラム
005 タンジャヴール
006 クンバコナムとカーヴェリー・デルタ
007 ティルチラパッリ
008 マドゥライ
009 ラーメシュワラム
010 カニャークマリ
021 はじめてのケーララ
022 ティルヴァナンタプラム
023 バックウォーター（コッラム〜アラップーザ）
024 コーチ（コーチン）
025 トリシュール

【ネパール - まちごとアジア】

001 はじめてのカトマンズ
002 カトマンズ
003 スワヤンブナート

004 パタン
005 バクタプル
006 ポカラ
007 ルンビニ
008 チトワン国立公園

【バングラデシュ - まちごとアジア】

001 はじめてのバングラデシュ
002 ダッカ
003 バゲルハット（クルナ）
004 シュンドルボン
005 プティア
006 モハスタン（ボグラ）
007 パハルプール

【パキスタン - まちごとアジア】

002 フンザ
003 ギルギット（KKH）
004 ラホール
005 ハラッパ
006 ムルタン

【イラン - まちごとアジア】

001 はじめてのイラン
002 テヘラン
003 イスファハン
004 シーラーズ
005 ペルセポリス
006 パサルガダエ（ナグシェ・ロスタム）
007 ヤズド
008 チョガ・ザンビル（アフヴァーズ）
009 タブリーズ
010 アルダビール

【北京 - まちごとチャイナ】

001 はじめての北京
002 故宮（天安門広場）
003 胡同と旧皇城
004 天壇と旧崇文区
005 瑠璃廠と旧宣武区
006 王府井と市街東部
007 北京動物園と市街西部
008 頤和園と西山
009 盧溝橋と周口店
010 万里の長城と明十三陵

【天津 - まちごとチャイナ】

001 はじめての天津
002 天津市街
003 浜海新区と市街南部
004 薊県と清東陵

【上海 - まちごとチャイナ】

001 はじめての上海
002 浦東新区
003 外灘と南京東路
004 淮海路と市街西部
005 虹口と市街北部
006 上海郊外（龍華・七宝・松江・嘉定）
007 水郷地帯（朱家角・周荘・同里・甪直）

【河北省 - まちごとチャイナ】

001 はじめての河北省
002 石家荘
003 秦皇島
004 承徳
005 張家口
006 保定
007 邯鄲

【江蘇省 - まちごとチャイナ】

001 はじめての江蘇省
002 はじめての蘇州
003 蘇州旧城
004 蘇州郊外と開発区
005 無錫
006 揚州
007 鎮江
008 はじめての南京
009 南京旧城
010 南京紫金山と下関
011 雨花台と南京郊外・開発区
012 徐州

【浙江省 - まちごとチャイナ】

001 はじめての浙江省
002 はじめての杭州
003 西湖と山林杭州
004 杭州旧城と開発区
005 紹興
006 はじめての寧波
007 寧波旧城
008 寧波郊外と開発区
009 普陀山
010 天台山
011 温州

【福建省 - まちごとチャイナ】

001 はじめての福建省
002 はじめての福州
003 福州旧城
004 福州郊外と開発区
005 武夷山
006 泉州
007 廈門
008 客家土楼

【広東省 - まちごとチャイナ】

001 はじめての広東省
002 はじめての広州
003 広州古城
004 天河と広州郊外
005 深圳(深セン)
006 東莞
007 開平(江門)
008 韶関
009 はじめての潮汕
010 潮州
011 汕頭

【遼寧省 - まちごとチャイナ】

001 はじめての遼寧省
002 はじめての大連
003 大連市街
004 旅順
005 金州新区

006 はじめての瀋陽
007 瀋陽故宮と旧市街
008 瀋陽駅と市街地
009 北陵と瀋陽郊外
010 撫順

【重慶 - まちごとチャイナ】

001 はじめての重慶
002 重慶市街
003 三峡下り（重慶〜宜昌）
004 大足

【香港 - まちごとチャイナ】

001 はじめての香港
002 中環と香港島北岸
003 上環と香港島南岸
004 尖沙咀と九龍市街
005 九龍城と九龍郊外
006 新界
007 ランタオ島と島嶼部

【マカオ - まちごとチャイナ】

001 はじめてのマカオ
002 セナド広場とマカオ中心部
003 媽閣廟とマカオ半島南部
004 東望洋山とマカオ半島北部
005 新口岸とタイパ・コロアン

【Juo-Mujin（電子書籍のみ）】

Juo-Mujin 香港縦横無尽
Juo-Mujin 北京縦横無尽
Juo-Mujin 上海縦横無尽
Juo-Mujin デリーでヒンディー語
Juo-Mujin タージマハルでヒンディー語
Juo-Mujin 砂漠のラジャスタンでヒンディー語

【自力旅游中国 Tabisuru CHINA】

001 バスに揺られて「自力で長城」
002 バスに揺られて「自力で石家荘」
003 バスに揺られて「自力で承徳」
004 船に揺られて「自力で普陀山」
005 バスに揺られて「自力で天台山」
006 バスに揺られて「自力で秦皇島」
007 バスに揺られて「自力で張家口」
008 バスに揺られて「自力で邯鄲」
009 バスに揺られて「自力で保定」
010 バスに揺られて「自力で清東陵」
011 バスに揺られて「自力で潮州」
012 バスに揺られて「自力で汕頭」
013 バスに揺られて「自力で温州」
014 バスに揺られて「自力で福州」
015 メトロに揺られて「自力で深圳」

【車輪はつばさ】
南インドのアイ
ラヴァテシュワラ
寺院には建築本体
に車輪がついていて
寺院に乗った神さまが
人びとの想いを運ぶと言います。

・本書はオンデマンド印刷で作成されています。
・本書の内容に関するご意見、お問い合わせは、発行元の
　まちごとパブリッシング info@machigotopub.com までお願いします。

Tabisuru CHINA 015
メトロに揺られて「自力で深圳」
〜自力旅游中国［モノクロノートブック版］

2017年11月14日　発行

著　者	「アジア城市（まち）案内」制作委員会
発行者	赤松　耕次
発行所	まちごとパブリッシング株式会社
	〒181-0013　東京都三鷹市下連雀4-4-36
	URL http://www.machigotopub.com/
発売元	株式会社デジタルパブリッシングサービス
	〒162-0812　東京都新宿区西五軒町11-13
	清水ビル3F
印刷・製本	株式会社デジタルパブリッシングサービス
	URL http://www.d-pub.co.jp/

MP185

ISBN978-4-86143-319-1 C0326　　　Printed in Japan
本書の無断複製複写（コピー）は、著作権法上での例外を除き、禁じられています。